Obra poética, 1
(1923-1929)

Biblioteca Borges

Jorge Luis

Borges

Obra poética, 1 (1923-1929)

El libro de bolsillo
Biblioteca de autor
Alianza Editorial

Los poemas recogidos en este volumen corresponden a los que, revisados por el propio autor, publicó Emecé Editores en *Obra poética* (Buenos Aires, 1977)

Primera edición: 1998
Tercera reimpresión: 2000

Diseño de cubierta: Alianza Editorial sobre un diseño de Rafael Celda
Ilustración: El Bosco, *Los bienaventurados y los condenados* (detalle)
Palacio Ducal, Venecia

Calle Juan Ignacio Luca de Tena, 15; 28027 Madrid; teléf. 91 393 88 88
ISBN: 84-206-3446-1 (Tomo 1)
ISBN: 84-206-9849-0 (O. C.)
Depósito legal: S. 25-2000
Impreso en Gráficas Varona
Polígono «El Montalvo», parcela 49. Salamanca
Printed in Spain

A Leonor Acevedo de Borges

Quiero dejar escrita una confesión, que a un tiempo será íntima y general, ya que las cosas que le ocurren a un hombre les ocurren a todos. Estoy hablando de algo ya remoto y perdido, los días de mi santo, los más antiguos. Yo recibía los regalos y yo pensaba que no era más que un chico y que no había hecho nada, absolutamente nada, para merecerlos. Por supuesto, nunca lo dije; la niñez es tímida. Desde entonces me has dado tantas cosas y son tantos los años y los recuerdos. Padre, Norah, los abuelos, tu memoria y en ella la memoria de los mayores —los patios, los esclavos, el aguatero, la carga de los húsares del Perú y el oprobio de Rosas—, tu prisión valerosa, cuando tantos hombres callábamos, las mañanas del Paso del Molino, de Ginebra y de Austin, las compartidas claridades y sombras, tu fresca ancianidad, tu amor a Dickens y a Eça de Queiroz, Madre, vos misma.

Aquí estamos hablando los dos, et tout le reste est littérature, *como escribió, con excelente literatura, Verlaine.*

J. L. B.

I do not set up to be a poet. Only an allround literary man: a man who talks, not one who sings... Excuse this apology; but I don't like to come before people who have a note of song, and let it be supposed I do not know the difference.

The Letters of Robert Louis Stevenson,
II, 77 (London, 1899)

Prólogo

Este prólogo podría denominarse la estética de Berkeley, no porque la haya profesado el metafísico irlandés —una de las personas más queribles que en la memoria de los hombres perduran—, sino porque aplica a las letras el argumento que éste aplicó a la realidad. El sabor de la manzana (declara Berkeley) está en el contacto de la fruta con el paladar, no en la fruta misma; análogamente (diría yo) la poesía está en el comercio del poema con el lector, no en la serie de símbolos que registran las páginas de un libro. Lo esencial es el hecho estético, el thrill, *la modificación física que suscita cada lectura. Esto acaso no es nuevo, pero a mis años las novedades importan menos que la verdad.*

La literatura impone su magia por artificios; el lector acaba por reconocerlos y desdeñarlos; de ahí la constante necesidad de mínimas o máximas variaciones, que pueden recuperar un pasado o prefigurar un porvenir.

He compilado en este volumen toda mi obra poéti-*

* Este prólogo, así como las páginas que anteceden, figuran al principio del volumen que recoge toda la obra poética de Borges publicado por

ca, salvo algún ejercicio cuya omisión nadie deplorará o notará y que (como de ciertos cuentos de Las mil y una noches *dijo el arabista Edward William Lane) no podía ser purificado sin destrucción. He limado algunas fealdades, algún exceso de hispanismo o argentinismo, pero en general, he preferido resignarme a los diversos o monótonos Borges de 1923, 1925, 1929, 1960, 1964, 1969 así como al de 1976 y 1977. Esta suma incluye un breve apéndice o museo de poesías apócrifas.*

Como todo joven poeta, yo creí alguna vez que el verso libre es más fácil que el verso regular; ahora sé que es más arduo y que requiere la íntima convicción de ciertas páginas de Carl Sandburg o de su padre, Whitman.

Tres suertes puede correr un libro de versos: puede ser adjudicado al olvido, puede no dejar una sola línea pero sí una imagen total del hombre que lo hizo, puede legar a las antologías unos pocos poemas.

Si el tercero fuera mi caso yo querría sobrevivir en el Poema conjetural, *en el* Poema de los dones, *en* Everness, *en* El Golem *y en* Límites. *Pero toda poesía es misteriosa; nadie sabe del todo lo que le ha sido dado escribir. La triste mitología de nuestro tiempo habla de la subconciencia o, lo que aún es menos hermoso, de lo subconsciente; los griegos invocaban la musa, los hebreos el Espíritu Santo; el sentido es el mismo.*

J. L. B.

Emecé Editores (Buenos Aires, 1989) y que en esta edición de bolsillo de Alianza Editorial se divide en tres volúmenes.

Fervor de Buenos Aires (1923)

Prólogo

No he reescrito el libro. He mitigado sus excesos barrocos, he limado asperezas, he tachado sensiblerías y vaguedades y, en el decurso de esta labor a veces grata y otras veces incómoda, he sentido que aquel muchacho que en 1923 lo escribió ya era esencialmente —¿qué significa «esencialmente»?— el señor que ahora se resigna o corrige. Somos el mismo; los dos descreemos del fracaso y del éxito, de las escuelas literarias y de sus dogmas; los dos somos devotos de Schopenhauer, de Stevenson y de Whitman. Para mí, Fervor de Buenos Aires *prefigura todo lo que haría después. Por lo que dejaba entrever, por lo que prometía de algún modo, lo aprobaron generosamente Enrique Díez-Canedo y Alfonso Reyes.*

Como los de 1969, los jóvenes de 1923 eran tímidos. Temerosos de una íntima pobreza, trataban como ahora, de escamotearla bajo inocentes novedades ruidosas. Yo, por ejemplo, me propuse demasiados fines: remedar ciertas fealdades (que me gustaban) de Miguel de Unamuno, ser un escritor español del siglo diecisiete, ser Macedonio Fernández, descubrir las metáforas que Lugones ya había descubierto, cantar un Buenos Aires de casas bajas y, hacia el poniente o hacia el Sur, de quintas con verjas.

En aquel tiempo, buscaba los atardeceres, los arrabales y la desdicha; ahora, las mañanas, el centro y la serenidad.

J. L. B.

Buenos Aires, 18 de agosto de 1969

A quien leyere

Si las páginas de este libro consienten algún verso feliz, perdóneme el lector la descortesía de haberlo usurpado yo, previamente. Nuestras nadas poco difieren; es trivial y fortuita la circunstancia de que seas tú el lector de estos ejercicios, y yo su redactor.

J. L. B.

La Recoleta

Convencidos de caducidad
por tantas nobles certidumbres del polvo,
nos demoramos y bajamos la voz
entre las lentas filas de panteones,
cuya retórica de sombra y de mármol
promete o prefigura la deseable
dignidad de haber muerto.
Bellos son los sepulcros,
el desnudo latín y las trabadas fechas fatales,
la conjunción del mármol y de la flor
y las plazuelas con frescura de patio
y los muchos ayeres de la historia
hoy detenida y única.
Equivocamos esa paz con la muerte
y creemos anhelar nuestro fin
y anhelamos el sueño y la indiferencia.
Vibrante en las espadas y en la pasión
y dormida en la hiedra,

sólo la vida existe.
El espacio y el tiempo son formas suyas,
son instrumentos mágicos del alma,
y cuando ésta se apague,
se apagarán con ella el espacio, el tiempo y la muerte,
como al cesar la luz
caduca el simulacro de los espejos
que ya la tarde fue apagando.
Sombra benigna de los árboles,
viento con pájaros que sobre las ramas ondea,
alma que se dispersa en otras almas,
fuera un milagro que alguna vez dejaran de ser,
milagro incomprensible,
aunque su imaginaria repetición
infame con horror nuestros días.
Estas cosas pensé en la Recoleta,
en el lugar de mi ceniza.

El Sur

Desde uno de tus patios haber mirado
las antiguas estrellas,
desde el banco de sombra haber mirado
esas luces dispersas,
que mi ignorancia no ha aprendido a nombrar
ni a ordenar en constelaciones,
haber sentido el círculo del agua
en el secreto aljibe,
el olor del jazmín y la madreselva,
el silencio del pájaro dormido,
el arco del zaguán, la humedad
—esas cosas, acaso, son el poema.

Calle desconocida*

Penumbra de la paloma
llamaron los hebreos a la iniciación de la tarde
cuando la sombra no entorpece los pasos
y la venida de la noche se advierte
como una música esperada y antigua,
como un grato declive.
En esa hora en que la luz
tiene una finura de arena,
di con una calle ignorada,
abierta en noble anchura de terraza,
cuyas cornisas y paredes mostraban
colores tenues como el mismo cielo
que conmovía el fondo.
Todo —la medianía de las casas,
las modestas balaustradas y llamadores,
tal vez una esperanza de niña en los balcones—
entró en mi vano corazón
con limpidez de lágrima.

Quizá esa hora de la tarde de plata
diera su ternura a la calle,
haciéndola tan real como un verso
olvidado y recuperado.
Sólo después reflexioné
que aquella calle de la tarde era ajena,
que toda casa es un candelabro
donde las vidas de los hombres arden
como velas aisladas,
que todo inmeditado paso nuestro
camina sobre Gólgotas.

La plaza San Martín

A Macedonio Fernández

En busca de la tarde
fui apurando en vano las calles.
Ya estaban los zaguanes entorpecidos de sombra.
Con fino bruñimiento de caoba
la tarde entera se había remansado en la plaza,
serena y sazonada,
bienhechora y sutil como una lámpara,
clara como una frente,
grave como ademán de hombre enlutado.
Todo sentir se aquieta
bajo la absolución de los árboles
—jacarandás, acacias—
cuyas piadosas curvas
atenúan la rigidez de la imposible estatua
y en cuya red se exalta
la gloria de las luces equidistantes
del leve azul y de la tierra rojiza.
¡Qué bien se ve la tarde

desde el fácil sosiego de los bancos!
Abajo
el puerto anhela latitudes lejanas
y la honda plaza igualadora de almas
se abre como la muerte, como el sueño.

El truco*

Cuarenta naipes han desplazado la vida.
Pintados talismanes de cartón
nos hacen olvidar nuestros destinos
y una creación risueña
va poblando el tiempo robado
con las floridas travesuras
de una mitología casera.
En los lindes de la mesa
la vida de los otros se detiene.
Adentro hay un extraño país:
las aventuras del envido y del quiero,
la autoridad del as de espadas,
como don Juan Manuel, omnipotente,
y el siete de oros tintineando esperanza.
Una lentitud cimarrona
va demorando las palabras
y como las alternativas del juego
se repiten y se repiten,

los jugadores de esta noche
copian antiguas bazas:
hecho que resucita un poco, muy poco,
a las generaciones de los mayores
que legaron al tiempo de Buenos Aires
los mismos versos y las mismas diabluras.

Un patio

Con la tarde
se cansaron los dos o tres colores del patio.
Esta noche, la luna, el claro círculo,
no domina su espacio.
Patio, cielo encauzado.
El patio es el declive
por el cual se derrama el cielo en la casa.
Serena,
la eternidad espera en la encrucijada de estrellas.
Grato es vivir en la amistad oscura
de un zaguán, de una parra y de un aljibe.

Inscripción sepulcral

Para mi bisabuelo,
el coronel Isidoro Suárez

Dilató su valor sobre los Andes.
Contrastó montañas y ejércitos.
La audacia fue costumbre de su espada.
Impuso en la llanura de Junín
término venturoso a la batalla
y a las lanzas del Perú dio sangre española.
Escribió su censo de hazañas
en prosa rígida como los clarines belísonos.
Eligió el honroso destierro.
Ahora es un poco de ceniza y de gloria.

La rosa

A Judith Machado

La rosa,
la inmarcesible rosa que no canto,
la que es peso y fragancia,
la del negro jardín en la alta noche,
la de cualquier jardín y cualquier tarde,
la rosa que resurge de la tenue
ceniza por el arte de la alquimia,
la rosa de los persas y de Ariosto,
la que siempre está sola,
la que siempre es la rosa de las rosas,
la joven flor platónica,
la ardiente y ciega rosa que no canto,
la rosa inalcanzable.

Barrio recuperado

Nadie vio la hermosura de las calles
hasta que pavoroso en clamor
se derrumbó el cielo verdoso
en abatimiento de agua y de sombra.
El temporal fue unánime
y aborrecible a las miradas fue el mundo,
pero cuando un arco bendijo
con los colores del perdón la tarde,
y un olor a tierra mojada
alentó los jardines,
nos echamos a caminar por las calles
como por una recuperada heredad,
y en los cristales hubo generosidades de sol
y en las hojas lucientes
dijo su trémula inmortalidad el estío.

Sala vacía

Los muebles de caoba perpetúan
entre la indecisión del brocado
su tertulia de siempre.
Los daguerrotipos
mienten su falsa cercanía
de tiempo detenido en un espejo
y ante nuestro examen se pierden
como fechas inútiles
de borrosos aniversarios.
Desde hace largo tiempo
sus angustiadas voces nos buscan
y ahora apenas están
en las mañanas iniciales de nuestra infancia.
La luz del día de hoy
exalta los cristales de la ventana
desde la calle de clamor y de vértigo
y arrincona y apaga la voz lacia
de los antepasados.

Rosas*

En la sala tranquila
cuyo reloj austero derrama
un tiempo ya sin aventuras ni asombro
sobre la decente blancura
que amortaja la pasión roja de la caoba,
alguien, como reproche cariñoso,
pronunció el nombre familiar y temido.
La imagen del tirano
abarrotó el instante,
no clara como un mármol en la tarde,
sino grande y umbría
como la sombra de una montaña remota
y conjeturas y memorias
sucedieron a la mención eventual
como un eco insondable.
Famosamente infame
su nombre fue desolación en las casas,
idolátrico amor en el gauchaje

y horror del tajo en la garganta.
Hoy el olvido borra su censo de muertes,
porque son venales las muertes
si las pensamos como parte del Tiempo,
esa inmortalidad infatigable
que anonada con silenciosa culpa las razas
y en cuya herida siempre abierta
que el último dios habrá de restañar el último día,
cabe toda la sangre derramada.
No sé si Rosas
fue sólo un ávido puñal como los abuelos decían;
creo que fue como tú y yo
un hecho entre los hechos
que vivió en la zozobra cotidiana
y dirigió para exaltaciones y penas
la incertidumbre de otros.

Ahora el mar es una larga separación
entre la ceniza y la patria.
Ya toda vida, por humilde que sea,
puede pisar su nada y su noche.
Ya Dios lo habrá olvidado
y es menos una injuria que una piedad
demorar su infinita disolución
con limosnas de odio.

Final de año

Ni el pormenor simbólico
de reemplazar un tres por un dos
ni esa metáfora baldía
que convoca un lapso que muere y otro que surge
ni el cumplimiento de un proceso astronómico
aturden y socavan
la altiplanicie de esta noche
y nos obligan a esperar
las doce irreparables campanadas.
La causa verdadera
es la sospecha general y borrosa
del enigma del Tiempo;
es el asombro ante el milagro
de que a despecho de infinitos azares,
de que a despecho de que somos
las gotas del río de Heráclito,
perdure algo en nosotros:
inmóvil,
algo que no encontró lo que buscaba.

Carnicería

Más vil que un lupanar,
la carnicería infama la calle.
Sobre el dintel
una ciega cabeza de vaca
preside el aquelarre
de carne charra y mármoles finales
con la remota majestad de un ídolo.

Arrabal

A Guillermo de Torre

El arrabal es el reflejo de nuestro tedio.
Mis pasos claudicaron
cuando iban a pisar el horizonte
y quedé entre las casas,
cuadriculadas en manzanas
diferentes e iguales
como si fueran todas ellas
monótonos recuerdos repetidos
de una sola manzana.
El pastito precario,
desesperadamente esperanzado,
salpicaba las piedras de la calle
y divisé en la hondura
los naipes de colores del poniente
y sentí *Buenos Aires.*
Esta ciudad que yo creí mi pasado
es mi porvenir, mi presente;
los años que he vivido en Europa son ilusorios,
yo estaba siempre (y estaré) en Buenos Aires.

Remordimiento por cualquier muerte

Libre de la memoria y de la esperanza,
ilimitado, abstracto, casi futuro,
el muerto no es un muerto: es la muerte.
Como el Dios de los místicos,
de Quien deben negarse todos los predicados,
el muerto ubicuamente ajeno
no es sino la perdición y ausencia del mundo.
Todo se lo robamos,
no le dejamos ni un color ni una sílaba:
aquí está el patio que ya no comparten sus ojos,
allí la acera donde acechó su esperanza.
Aun lo que pensamos
podría estar pensándolo él;
nos hemos repartido como ladrones
el caudal de las noches y de los días.

Jardín

Zanjones,
sierras ásperas,
médanos,
sitiados por jadeantes singladuras
y por las leguas de temporal y de arena
que desde el fondo del desierto se agolpan.
En un declive está el jardín.
Cada arbolito es una selva de hojas.
Lo asedian vanamente
los estériles cerros silenciosos
que apresuran la noche con su sombra
y el triste mar de inútiles verdores.
Todo el jardín es una luz apacible
que ilumina la tarde.
El jardincito es como un día de fiesta
en la pobreza de la tierra.

Yacimientos del Chubut, 1922

Inscripción en cualquier sepulcro

No arriesgue el mármol temerario
gárrulas transgresiones al todopoder del olvido,
enumerando con prolijidad
el nombre, la opinión, los acontecimientos, la patria.
Tanto abalorio bien adjudicado está a la tiniebla
y el mármol no hable lo que callan los hombres.
Lo esencial de la vida fenecida
—la trémula esperanza,
el milagro implacable del dolor y el asombro del goce—
siempre perdurará.
Ciegamente reclama duración el alma arbitraria
cuando la tiene asegurada en vidas ajenas,
cuando tú mismo eres el espejo y la réplica
de quienes no alcanzaron tu tiempo
y otros serán (y son) tu inmortalidad en la tierra.

La vuelta

Al cabo de los años del destierro
volví a la casa de mi infancia
y todavía me es ajeno su ámbito.
Mis manos han tocado los árboles
como quien acaricia a alguien que duerme
y he repetido antiguos caminos
como si recobrara un verso olvidado
y vi al desparramarse la tarde
la frágil luna nueva
que se arrimó al amparo sombrío
de la palmera de hojas altas,
como a su nido el pájaro.

¡Qué caterva de cielos
abarcará entre sus paredes el patio,
cuánto heroico poniente
militará en la hondura de la calle
y cuánta quebradiza luna nueva

infundirá al jardín su ternura,
antes que me reconozca la casa
y de nuevo sea un hábito!

Afterglow

Siempre es conmovedor el ocaso
por indigente o charro que sea,
pero más conmovedor todavía
es aquel brillo desesperado y final
que herrumbra la llanura
cuando el sol último se ha hundido.
Nos duele sostener esa luz tirante y distinta.
esa alucinación que impone al espacio
el unánime miedo de la sombra
y que cesa de golpe
cuando notamos su falsía,
como cesan los sueños
cuando sabemos que soñamos.

Amanecer

En la honda noche universal
que apenas contradicen los faroles
una racha perdida
ha ofendido las calles taciturnas
como presentimiento tembloroso
del amanecer horrible que ronda
los arrabales desmantelados del mundo.
Curioso de la sombra
y acobardado por la amenaza del alba
reviví la tremenda conjetura
de Schopenhauer y de Berkeley
que declara que el mundo
es una actividad de la mente,
un sueño de las almas,
sin base ni propósito ni volumen.
Y ya que las ideas
no son eternas como el mármol
sino inmortales como un bosque o un río,

la doctrina anterior
asumió otra forma en el alba
y la superstición de esa hora
cuando la luz como una enredadera
va a implicar las paredes de la sombra,
doblegó mi razón
y trazó el capricho siguiente:
Si están ajenas de sustancia las cosas
y si esta numerosa Buenos Aires
no es más que un sueño
que erigen en compartida magia las almas,
hay un instante
en que peligra desaforadamente su ser
y es el instante estremecido del alba,
cuando son pocos los que sueñan el mundo
y sólo algunos trasnochadores conservan,
cenicienta y apenas bosquejada,
la imagen de las calles
que definirán después con los otros.
¡Hora en que el sueño pertinaz de la vida
corre peligro de quebranto,
hora en que le sería fácil a Dios
matar del todo Su obra!

Pero de nuevo el mundo se ha salvado.
La luz discurre inventando sucios colores
y con algún remordimiento
de mi complicidad en el resurgimiento del día

solicito mi casa,
atónica y glacial en la luz blanca,
mientras un pájaro detiene el silencio
y la noche gastada
se ha quedado en los ojos de los ciegos.

Benarés

Falsa y tupida
como un jardín calcado en un espejo,
la imaginada urbe
que no han visto nunca mis ojos
entreteje distancias
y repite sus casas inalcanzables.
El brusco sol,
desgarra la compleja oscuridad
de templos, muladares, cárceles, patios
y escalará los muros
y resplandecerá en un río sagrado.
Jadeante
la ciudad que oprimió un follaje de estrellas
desborda el horizonte
y en la mañana llena
de pasos y de sueño
la luz va abriendo como ramas las calles.
Juntamente amanece

en todas las persianas que miran al Oriente
y la voz de un almuédano
apesadumbra desde su alta torre
el aire de este día
y anuncia a la ciudad de los muchos dioses
la soledad de Dios.
(Y pensar
que mientras juego con dudosas imágenes,
la ciudad que canto, persiste
en un lugar predestinado del mundo,
con su topografía precisa,
poblada como un sueño,
con hospitales y cuarteles
y lentas alamedas
y hombres de labios podridos
que sienten frío en los dientes.)

Ausencia

Habré de levantar la vasta vida
que aún ahora es tu espejo:
cada mañana habré de reconstruirla.
Desde que te alejaste,
cuántos lugares se han tornado vanos
y sin sentido, iguales
a luces en el día.
Tardes que fueron nicho de tu imagen,
músicas en que siempre me aguardabas,
palabras de aquel tiempo,
yo tendré que quebrarlas con mis manos.
¿En qué hondonada esconderé mi alma
para que no vea tu ausencia
que como un sol terrible, sin ocaso,
brilla definitiva y despiadada?
Tu ausencia me rodea
como la cuerda a la garganta,
el mar al que se hunde.

Llaneza

A Haydée Lange

Se abre la verja del jardín
con la docilidad de la página
que una frecuente devoción interroga
y adentro las miradas
no precisan fijarse en los objetos
que ya están cabalmente en la memoria.
Conozco las costumbres y las almas
y ese dialecto de alusiones
que toda agrupación humana va urdiendo.
No necesito hablar
ni mentir privilegios;
bien me conocen quienes aquí me rodean,
bien saben mis congojas y mi flaqueza.
Eso es alcanzar lo más alto,
lo que tal vez nos dará el Cielo:
no admiraciones ni victorias
sino sencillamente ser admitidos
como parte de una Realidad innegable,
como las piedras y los árboles.

Caminata

Olorosa como un mate curado
la noche acerca agrestes lejanías
y despeja las calles
que acompañan mi soledad,
hechas de vago miedo y de largas líneas.
La brisa trae corazonadas de campo,
dulzura de las quintas, memorias de los álamos,
que harán temblar bajo rigideces de asfalto
la detenida tierra viva
que oprime el peso de las casas.
En vano la furtiva noche felina
inquieta los balcones cerrados
que en la tarde mostraron
la notoria esperanza de las niñas.
También está el silencio en los zaguanes.
En la cóncava sombra
vierten un tiempo vasto y generoso
los relojes de la medianoche magnífica,
un tiempo caudaloso

donde todo soñar halla cabida,
tiempo de anchura de alma, distinto
de los avaros términos que miden
las tareas del día.
Yo soy el único espectador de esta calle;
si dejara de verla se moriría.
(Advierto un largo paredón erizado
de una agresión de aristas
y un farol amarillo que aventura
su indecisión de luz.
También advierto estrellas vacilantes.)
Grandiosa y viva
como el plumaje oscuro de un Ángel
cuyas alas tapan el día,
la noche pierde las mediocres calles.

La noche de San Juan

El poniente implacable en esplendores
quebró a filo de espada las distancias.
Suave como un sauzal está la noche.
Rojos chisporrotean
los remolinos de las bruscas hogueras;
leña sacrificada
que se desangra en altas llamaradas,
bandera viva y ciega travesura.
La sombra es apacible como una lejanía;
hoy las calles recuerdan
que fueron campo un día.
Toda la santa noche la soledad rezando
su rosario de estrellas desparramadas.

Cercanías

Los patios y su antigua certidumbre,
los patios cimentados
en la tierra y el cielo.
Las ventanas con reja
desde la cual la calle
se vuelve familiar como una lámpara.
Las alcobas profundas
donde arde en quieta llama la caoba
y el espejo de tenues resplandores
es como un remanso en la sombra.
Las encrucijadas oscuras
que lancean cuatro infinitas distancias
en arrabales de silencio.
He nombrado los sitios
donde se desparrama la ternura
y estoy solo y conmigo.

Sábados

A C. G.

Afuera hay un ocaso, alhaja oscura
engastada en el tiempo,
y una honda ciudad ciega
de hombres que no te vieron.
La tarde calla o canta.
Alguien descrucifica los anhelos
clavados en el piano.
Siempre, la multitud de tu hermosura.

*

A despecho de tu desamor
tu hermosura
prodiga su milagro por el tiempo.
Está en ti la ventura
como la primavera en la hoja nueva.
Ya casi no soy nadie,
soy tan sólo ese anhelo

que se pierde en la tarde.
En ti está la delicia
como está la crueldad en las espadas.

*

Agravando la reja está la noche.
En la sala severa
se buscan como ciegos nuestras dos soledades.
Sobrevive a la tarde
la blancura gloriosa de tu carne.
En nuestro amor hay una pena
que se parece al alma.

*

Tú
que ayer sólo eras toda la hermosura
eres también todo el amor, ahora.

Trofeo

Como quien recorre una costa
maravillado de la muchedumbre del mar,
albriciado de luz y pródigo espacio,
yo fui el espectador de tu hermosura
durante un largo día.
Nos despedimos al anochecer
y en gradual soledad
al volver por la calle cuyos rostros aún te conocen,
se oscureció mi dicha, pensando
que de tan noble acopio de memorias
perdurarían escasamente una o dos
para ser decoro del alma
en la inmortalidad de su andanza.

Atardeceres

La clara muchedumbre de un poniente
ha exaltado la calle,
la calle abierta como un ancho sueño
hacia cualquier azar.
La límpida arboleda
pierde el último pájaro, el oro último.
La mano jironada de un mendigo
agrava la tristeza de la tarde.

El silencio que habita los espejos
ha forzado su cárcel.
La oscuridá es la sangre
de las cosas heridas.
En el incierto ocaso
la tarde mutilada
fue unos pobres colores.

Campos atardecidos

El poniente de pie como un Arcángel
tiranizó el camino.
La soledad poblada como un sueño
se ha remansado alrededor del pueblo.
Los cencerros recogen la tristeza
dispersa de la tarde. La luna nueva
es una vocecita desde el cielo.
Según va anocheciendo
vuelve a ser campo el pueblo.

El poniente que no se cicatriza
aún le duele a la tarde.
Los trémulos colores se guarecen
en las entrañas de las cosas.
En el dormitorio vacío
la noche cerrará los espejos.

Despedida

Entre mi amor y yo han de levantarse
trescientas noches como trescientas paredes
y el mar será una magia entre nosotros.

No habrá sino recuerdos.
Oh tardes merecidas por la pena,
noches esperanzadas de mirarte,
campos de mi camino, firmamento
que estoy viendo y perdiendo...
Definitiva como un mármol
entristecerá tu ausencia otras tardes.

Líneas que pude haber escrito y perdido hacia 1922

Silenciosas batallas del ocaso
en arrabales últimos,
siempre antiguas derrotas de una guerra en el cielo,
albas ruinosas que nos llegan
desde el fondo desierto del espacio
como desde el fondo del tiempo,
negros jardines de la lluvia, una esfinge en un libro
que yo tenía miedo de abrir
y cuya imagen vuelve en los sueños,
la corrupción y el eco que seremos,
la luna sobre el mármol,
árboles que se elevan y perduran
como divinidades tranquilas,
la mutua noche y la esperada tarde,
Walt Whitman, cuyo nombre es el universo,
la espada valerosa de un rey
en el silencioso lecho de un río,
los sajones, los árabes y los godos

que, sin saberlo, me engendraron,
¿soy yo esas cosas y las otras
o son llaves secretas y arduas álgebras
de lo que no sabremos nunca?

Notas

CALLE DESCONOCIDA

Es inexacta la noticia de los primeros versos. De Quincey *(Writings,* tercer volumen, página 293) anota que, según la nomenclatura judía, la penumbra del alba tiene el nombre de penumbra de la paloma; la del atardecer, del cuervo.

EL TRUCO

En esta página de dudoso valor asoma por primera vez una idea que me ha inquietado siempre. Su declaración más cabal está en «Nueva refutación del tiempo» *(Otras inquisiciones,* 1952).

Su error, ya denunciado por Parménides y Zenón de Elea, es postular que el tiempo está hecho de instantes individuales, que es dable separar unos de otros, así como el espacio de puntos.

ROSAS

Al escribir este poema, yo no ignoraba que un abuelo de mis abuelos era antepasado de Rosas. El hecho nada tiene de singular, si consideramos la escasez de la población y el carácter casi incestuoso de nuestra historia.

Hacia 1922 nadie presentía el revisionismo. Este pasatiempo consiste en «revisar» la historia argentina, no para indagar la verdad sino para arribar a una conclusión de antemano resuelta: la justificación de Rosas o de cualquier otro déspota disponible. Sigo siendo, como se ve, un salvaje unitario.

Luna de enfrente (1925)

Prólogo

Hacia 1905, Hermann Bahr decidió: El único deber, ser moderno. *Veintitantos años después, yo me impuse también esa obligación del todo superflua. Ser moderno es ser contemporáneo, ser actual; todos fatalmente lo somos. Nadie —fuera de cierto aventurero que soñó Wells— ha descubierto el arte de vivir en el futuro o en el pasado. No hay obra que no sea de su tiempo; la escrupulosa novela histórica* Salammbô, *cuyos protagonistas son los mercenarios de las guerras púnicas, es una típica novela francesa del siglo* XIX. *Nada sabemos de la literatura de Cartago, que verosímilmente fue rica, salvo que no podía incluir un libro como el de Flaubert.*

Olvidadizo de que ya lo era, quise también ser argentino. Incurrí en la arriesgada adquisición de uno o dos diccionarios de argentinismos, que me suministraron palabras que hoy puedo apenas descifrar: madrejón, espadaña, estaca pampa...

La ciudad de Fervor de Buenos Aires *no deja nunca de ser íntima: la de este volumen tiene algo de ostentoso y de público. No quiero ser injusto con él. Una que otra composición* —El general Quiroga va en coche al muere— *posee acaso toda la vistosa belleza de una calcomanía; otras* —Manuscrito hallado en un libro de Joseph Conrad— *no deshonran, me permito afirmar, a quien las compuso. El hecho es que las siento ajenas; no me conciernen sus errores ni sus eventuales virtudes.*

Poco he modificado este libro. Ahora ya no es mío.

J. L. B.

Buenos Aires, 25 de agosto de 1969

Calle con almacén rosado

Ya se le van los ojos a la noche en cada bocacalle
y es como una sequía husmeando lluvia.
Ya todos los caminos están cerca,
y hasta el camino del milagro.
El viento trae el alba entorpecida.
El alba es nuestro miedo de hacer cosas distintas y se nos
viene encima.
Toda la santa noche he caminado
y su inquietud me deja
en esta calle que es cualquiera.
Aquí otra vez la seguridad de la llanura
en el horizonte
y el terreno baldío que se deshace en yuyos y alambres
y el almacén tan claro
como la luna nueva de ayer tarde.
Es familiar como un recuerdo la esquina
con esos largos zócalos y la promesa de un patio.
¡Qué lindo atestiguarte, calle de siempre, ya que miraron tan
pocas cosas mis días!

Ya la luz raya el aire.
Mis años recorrieron los caminos de la tierra y del agua
y sólo a vos te siento, calle quieta y rosada.
Pienso si tus paredes concibieron la aurora,
almacén que en la punta de la noche eres claro.
Pienso y se me hace voz ante las casas
la confesión de mi pobreza:
no he mirado los ríos ni la mar ni la sierra,
pero intimó conmigo la luz de Buenos Aires
y yo forjo los versos de mi vida y mi muerte
con esa luz de calle.
Calle grande y sufrida,
eres la única música de que sabe mi vida.

Al horizonte de un suburbio

Pampa:
Yo diviso tu anchura que ahonda las afueras,
yo me desangro en tus ponientes.

Pampa:
Yo te oigo en las tenaces guitarras sentenciosas
y en altos benteveos y en el ruido cansado
de los carros de pasto que vienen del verano.

Pampa:
El ámbito de un patio colorado me basta
para sentirte mía.

Pampa:
Yo sé que te desgarran
surcos y callejones y el viento que te cambia.
Pampa sufrida y macha que ya estás en los cielos.
No sé si eres la muerte. Sé que estás en mi pecho.

Una despedida

Tarde que socavó nuestro adiós.
Tarde acerada y deleitosa y monstruosa como un
ángel oscuro.
Tarde cuando vivieron nuestros labios en la desnuda
intimidad de los besos.
El tiempo inevitable se desbordaba
sobre el abrazo inútil.
Prodigábamos pasión juntamente, no para nosotros sino
para la soledad ya inmediata
Nos rechazó la luz; la noche había llegado con urgencia.
Fuimos hasta la verja en esa gravedad de la sombra que ya el
lucero alivia.
Como quien vuelve de un perdido prado yo volví de tu abrazo.
Como quien vuelve de un país de espadas yo volví de tus
lágrimas.
Tarde que dura vívida como un sueño
entre las otras tardes.
Después yo fui alcanzando y rebasando
noches y singladuras.

Amorosa anticipación

Ni la intimidad de tu frente clara como una fiesta
ni la costumbre de tu cuerpo, aún misterioso y tácito y de niña,
ni la sucesión de tu vida asumiendo palabras o silencios
serán favor tan misterioso
como mirar tu sueño implicado
en la vigilia de mis brazos.
Virgen milagrosamente otra vez por la virtud absolutoria del sueño,
quieta y resplandeciente como una dicha que la memoria elige,
me darás esa orilla de tu vida que tú misma no tienes.
Arrojado a quietud,
divisaré esa playa última de tu ser
y te veré por vez primera, quizá,
como Dios ha de verte,
desbaratada la ficción del Tiempo,
sin el amor, sin mí.

El general Quiroga va en coche al muere

El madrejón desnudo ya sin una sed de agua
y una luna perdida en el frío del alba
y el campo muerto de hambre, pobre como una araña.

El coche se hamacaba rezongando la altura;
un galerón enfático, enorme, funerario.
Cuatro tapaos con pinta de muerte en la negrura
tironeaban seis miedos y un valor desvelado.

Junto a los postillones jineteaba un moreno.
Ir en coche a la muerte ¿qué cosa más oronda?
El general Quiroga quiso entrar en la sombra
llevando seis o siete degollados de escolta.

Esa cordobesada bochinchera y ladina
(meditaba Quiroga) ¿qué ha de poder con mi alma?
Aquí estoy afianzado y metido en la vida
como la estaca pampa bien metida en la pampa.

Yo, que he sobrevivido a millares de tardes
y cuyo nombre pone retemblor en las lanzas,
no he de soltar la vida por estos pedregales.
¿Muere acaso el pampero, se mueren las espadas?

Pero al brillar el día sobre Barranca Yaco
hierros que no perdonan arreciaron sobre él;
la muerte, que es de todos, arreó con el riojano
y una de puñaladas lo mentó a Juan Manuel.

Ya muerto, ya de pie, ya inmortal, ya fantasma,
se presentó al infierno que Dios le había marcado,
y a sus órdenes iban, rotas y desangradas,
las ánimas en pena de hombres y de caballos.

Jactancia de quietud

Escrituras de luz embisten la sombra, más prodigiosas que meteoros.
La alta ciudad inconocible arrecia sobre el campo.
Seguro de mi vida y de mi muerte, miro los ambiciosos y quisiera entenderlos.
Su día es ávido como el lazo en el aire.
Su noche es tregua de la ira en el hierro, pronto en acometer.
Hablan de humanidad.
Mi humanidad está en sentir que somos voces de una misma penuria.
Hablan de patria.
Mi patria es un latido de guitarra, unos retratos y una vieja espada,
la oración evidente del sauzal en los atardeceres.
El tiempo está viviéndome.
Más silencioso que mi sombra, cruzo el tropel de su levantada codicia.
Ellos son imprescindibles, únicos, merecedores del mañana.

Mi nombre es alguien y cualquiera.
Paso con lentitud, como quien viene de tan lejos que no
espera llegar.

Montevideo

Resbalo por tu tarde como el cansancio por la piedad de un declive.
La noche nueva es como un ala sobre tus azoteas.
Eres el Buenos Aires que tuvimos, el que en los años se alejó quietamente.
Eres nuestra y fiestera, como la estrella que duplican las aguas.
Puerta falsa en el tiempo, tus calles miran al pasado más leve.
Claror de donde la mañana nos llega, sobre las dulces aguas turbias.
Antes de iluminar mi celosía tu bajo sol bienaventura tus quintas.
Ciudad que se oye como un verso.
Calles con luz de patio.

Manuscrito hallado en un libro de Joseph Conrad

En las trémulas tierras que exhalan el verano
el día es invisible de puro blanco. El día
es una estría cruel en una celosía,
un fulgor en las costas y una fiebre en el llano.

Pero la antigua noche es honda como un jarro
de agua cóncava. El agua se abre a infinitas huellas,
y en ociosas canoas, de cara a las estrellas,
el hombre mide el vago tiempo con el cigarro.

El humo desdibuja gris las constelaciones
remotas. Lo inmediato pierde prehistoria y nombre.
El mundo es unas cuantas tiernas imprecisiones.
El río, el primer río. El hombre, el primer hombre.

Singladura

El mar es una espada innumerable y una plenitud de pobreza.
La llamarada es traducible en ira, el manantial en tiempo, y la cisterna en clara aceptación.
El mar es solitario como un ciego.
El mar es un antiguo lenguaje que yo no alcanzo a descifrar.
En su hondura, el alba es una humilde tapia encalada.
De su confín surge el claror, igual que una humareda.
Impenetrable como de piedra labrada
persiste el mar ante los muchos días.
Cada tarde es un puerto.
Nuestra mirada flagelada de mar camina por su cielo:
última playa blanda, celeste arcilla de las tardes.
¡Qué dulce intimidad la del ocaso en el huraño mar!
Claras como una feria brillan las nubes.
La luna nueva se ha enredado a un mástil.
La misma luna que dejamos bajo un arco de piedra y cuya luz agraciaría los sauzales.
En la cubierta, quietamente, yo comparto la tarde con mi hermana, como un trozo de pan.

Dakar

Dakar está en la encrucijada del sol, del desierto y del mar.
El sol nos tapa el firmamento, el arenal acecha en los caminos,
el mar es un encono.
He visto un jefe en cuya manta era más ardiente lo azul que en
el cielo incendiado.
La mezquita cerca del biógrafo luce una claridad de plegaria.
La resolana aleja las chozas, el sol como un ladrón escala los
muros.
África tiene en la eternidad su destino, donde hay hazañas,
ídolos, reinos, arduos bosques y espadas.
Yo he logrado un atardecer y una aldea.

La promisión en alta mar

No he recobrado tu cercanía, mi patria, pero ya tengo tus
estrellas.
Lo más lejano del firmamento las dijo y ahora se pierden en su
gracia los mástiles.
Se han desprendido de las altas cornisas como un asombro de
palomas.
Vienen del patio donde el aljibe es una torre inversa entre dos
cielos.
Vienen del creciente jardín cuya inquietud arriba al pie del
muro como un agua sombría.
Vienen de un atardecer de provincia, lacio como un yuyal.
Son inmortales y vehementes; no ha de medir su eternidad
ningún pueblo.
Ante su firmeza de luz todas las noches de los hombres se
curvarán como hojas secas.
Son un claro país y de algún modo está mi tierra en su
ámbito.

Casi Juicio Final

Mi callejero *no hacer nada* vive y se suelta por la variedad de la noche.
La noche es una fiesta larga y sola.
En mi secreto corazón yo me justifico y ensalzo.
He atestiguado el mundo; he confesado la rareza del mundo.
He cantado lo eterno: la clara luna volvedora y las mejillas que apetece el amor.
He conmemorado con versos la ciudad que me ciñe
y los arrabales que se desgarran.
He dicho asombro donde otros dicen solamente costumbre.
Frente a la canción de los tibios, encendí mi voz en ponientes.
A los antepasados de mi sangre y a los antepasados de mis sueños
he exaltado y cantado.
He sido y soy.
He trabado en firmes palabras mi sentimiento
que pudo haberse disipado en ternura.
El recuerdo de una antigua vileza vuelve a mi corazón.

Como el caballo muerto que la marea inflige a la playa, vuelve
a mi corazón.
Aún están a mi lado, sin embargo, las calles y la luna.
El agua sigue siendo grata en mi boca y el verso no me niega
su música.
Siento el pavor de la belleza; ¿quién se atreverá a condenarme
si esta gran luna de mi soledad me perdona?

Mi vida entera

Aquí otra vez, los labios memorables, único y semejante a vosotros.
He persistido en la aproximación de la dicha y en la intimidad de la pena.
He atravesado el mar.
He conocido muchas tierras; he visto una mujer y dos o tres hombres.
He querido a una niña altiva y blanca y de una hispánica quietud.
He visto un arrabal infinito donde se cumple una insaciada inmortalidad de ponientes.
He paladeado numerosas palabras.
Creo profundamente que eso es todo y que ni veré ni ejecutaré cosas nuevas.
Creo que mis jornadas y mis noches
se igualan en pobreza y en riqueza a las de Dios y a las de todos los hombres.

Último sol en Villa Luro

Tarde como de Juicio Final.
La calle es una herida abierta en el cielo.
Ya no sé si fue un Ángel o un ocaso la claridad que ardió en la hondura.
Insistente, como una pesadilla, carga sobre mí la distancia.
Al horizonte un alambrado le duele.
El mundo está como inservible y tirado.
En el cielo es de día, pero la noche es traicionera en las zanjas.
Toda la luz está en las tapias azules y en ese alboroto de chicas:
Ya no sé si es un árbol o es un dios, ese que asoma por la verja herrumbrada.
Cuántos países a la vez: el campo, el cielo, las afueras.
Hoy he sido rico de calles y de ocaso filoso y de la tarde hecha estupor.
Lejos, me devolveré a mi pobreza.

Versos de catorce

A mi ciudad de patios cóncavos como cántaros
y de calles que surcan las leguas como un vuelo,
a mi ciudad de esquinas con aureola de ocaso
y arrabales azules, hechos de firmamento,

a mi ciudad que se abre clara como una pampa,
yo volví de las viejas tierras antiguas del Occidente
y recobré sus casas y la luz de sus casas
y la trasnochadora luz de los almacenes

y supe en las orillas, del querer, que es de todos
y a punta de poniente desangré el pecho en salmos
y canté la aceptada costumbre de estar solo
y el retazo de pampa colorada de un patio.

Dije las calesitas, noria de los domingos,
y el paredón que agrieta la sombra de un paraíso,

y el destino que acecha tácito, en el cuchillo,
y la noche olorosa como un mate curado.

Yo presentí la entraña de la voz *las orillas,*
palabra que en la tierra pone el azar del agua
y que da a las afueras su aventura infinita
y a los vagos campitos un sentido de playa.

Así voy devolviéndole a Dios unos centavos
del caudal infinito que me pone en las manos.

Cuaderno San Martín (1929)

As to an occasional copy of verses, these are few men who have leisure to read, and are possessed of any music in their souls, who are not capable of versifying on some ten or twelve occasions during their natural lives: at a proper conjunction of the stars. There is no harm in taking advantage of such occasions.

FITZGERALD
En una carta a Bernard Barton (1842)

Prólogo

He hablado mucho, he hablado demasiado, sobre la poesía como brusco don del Espíritu, sobre el pensamiento como una actividad de la mente; he visto en Verlaine el ejemplo de puro poeta lírico; en Emerson, de poeta intelectual. Creo ahora que en todos los poetas que merecen ser releídos ambos elementos coexisten. ¿Cómo clasificar a Shakespeare o a Dante?

En lo que se refiere a los ejercicios de este volumen, es notorio que aspiran a la segunda categoría. Debo al lector algunas observaciones. Ante la indignación de la crítica, que no perdona que un autor se arrepienta, escribo ahora Fundación mítica de Buenos Aires *y no* Fundación mitológica, *ya que la última palabra sugiere macizas divinidades de mármol. Esta composición, por lo demás, es fundamentalmente falsa. Edimburgo o York o Santiago de Compostela pueden mentir eternidad; no así Buenos Aires, que hemos visto brotar de un modo esporádico, entre los huecos y los callejones de tierra.*

Las dos piezas de Muertes de Buenos Aires *—título que debo a Eduardo Gutiérrez— imperdonablemente exageran la connotación plebeya de la Chacarita y la connotación patricia de la Recoleta. Pienso que el énfasis de* Isidoro Acevedo *hubiera hecho sonreír a mi abuelo. Fuera de Llaneza,* La noche que en el Sur lo velaron *es acaso el primer poema auténtico que escribí.*

J. L. B.

Buenos Aires, 1969

Fundación mítica de Buenos Aires

¿Y fue por este río de sueñera y de barro
que las proas vinieron a fundarme la patria?
Irían a los tumbos los barquitos pintados
entre los camalotes de la corriente zaina.

Pensando bien la cosa, supondremos que el río
era azulejo entonces como oriundo del cielo
con su estrellita roja para marcar el sitio
en que ayunó Juan Díaz y los indios comieron.

Lo cierto es que mil hombres y otros mil arribaron
por un mar que tenía cinco lunas de anchura
y aún estaba poblado de sirenas y endriagos
y de piedras imanes que enloquecen la brújula.

Prendieron unos ranchos trémulos en la costa,
durmieron extrañados. Dicen que en el Riachuelo,

pero son embelecos fraguados en la Boca.
Fue una manzana entera y en mi barrio: en Palermo.

Una manzana entera pero en mitá del campo
expuesta a las auroras y lluvias y suestadas.
La manzana pareja que persiste en mi barrio:
Guatemala, Serrano, Paraguay, Gurruchaga.

Un almacén rosado como revés de naipe
brilló y en la trastienda conversaron un truco;
el almacén rosado floreció en un compadre,
ya patrón de la esquina, ya resentido y duro.

El primer organito salvaba el horizonte
con su achacoso porte, su habanera y su gringo.
El corralón seguro ya opinaba YRIGOYEN,
algún piano mandaba tangos de Saborido.

Una cigarrería sahumó como una rosa
el desierto. La tarde se había ahondado en ayeres,
los hombres compartieron un pasado ilusorio.
Sólo faltó una cosa: la vereda de enfrente.

A mí se me hace cuento que empezó Buenos Aires:
La juzgo tan eterna como el agua y el aire.

Elegía de los portones

A Francisco Luis Bernárdez

Barrio Villa Alvear: entre las calles Nicaragua, Arroyo Maldonado, Canning y Rivera. Muchos terrenos baldíos existen aún y su importancia es reducida.

MANUEL BILBAO: *Buenos Aires*, 1902

Ésta es una elegía
de los rectos portones que alargaban su sombra
en la plaza de tierra.
Ésta es una elegía
que se acuerda de un largo resplandor agachado
que los atardeceres daban a los baldíos.
(En los pasajes mismos había cielo bastante
para toda una dicha
y las tapias tenían el color de las tardes.)
Ésta es una elegía
de un Palermo trazado con vaivén de recuerdo
y que se va en la muerte chica de los olvidos.

Muchachas comentadas por un vals de organito
o por los mayorales de corneta insolente

de los 64,
sabían en las puertas la gracia de su espera.

Había huecos de tunas
y la ribera hostil del Maldonado
—menos agua que barro en la sequía—
y zafadas veredas en que flameaba el corte
y una frontera de silbatos de hierro.

Hubo cosas felices,
cosas que sólo fueron para alegrar las almas:
el arriate del patio
y el andar hamacado del compadre.

Palermo del principio, vos tenías
unas cuantas milongas para hacerte valiente
y una baraja criolla para tapar la vida
y unas albas eternas para saber la muerte.

El día era más largo en tus veredas
que en las calles del Centro,
porque en los huecos hondos se aquerenciaba el cielo.

Los carros de costado sentencioso
cruzaban tu mañana
y eran en las esquinas tiernos los almacenes
como esperando un ángel.

Desde mi calle de altos (es cosa de una legua)
voy a buscar recuerdos a tus calles nocheras.
Mi silbido de pobre penetrará en los sueños
de los hombres que duermen.

Esa higuera que asoma sobre una parecita
se lleva bien con mi alma
y es más grato el rosado firme de tus esquinas
que el de las nubes blandas.

Curso de los recuerdos

Recuerdo mío del jardín de casa:
vida benigna de las plantas,
vida cortés de misteriosa
y lisonjeada por los hombres.

Palmera la más alta de aquel cielo
y conventillo de gorriones;
parra firmamental de uva negra,
los días del verano dormían a tu sombra.

Molino colorado:
remota rueda laboriosa en el viento,
honor de nuestra casa, porque a las otras
iba el río bajo la campanita del aguatero.

Sótano circular de la base
que hacías vertiginoso el jardín,

daba miedo entrever por una hendija
tu calabozo de agua sutil.

Jardín, frente a la verja cumplieron sus caminos
los sufridos carreros
y el charro carnaval aturdió
con insolentes murgas.

El almacén, padrino del malevo,
dominaba la esquina;
pero tenías cañaverales para hacer lanzas
y gorriones para la oración.

El sueño de tus árboles y el mío
todavía en la noche se confunden
y la devastación de la urraca
dejó un antiguo miedo en mi sangre.

Tus contadas varas de fondo
se nos volvieron geografía;
un alto era «la montaña de tierra»
y una temeridad su declive.

Jardín, yo cortaré mi oración
para seguir siempre acordándome:
voluntad o azar de dar sombra
fueron tus árboles.

Isidoro Acevedo

Es verdad que lo ignoro todo sobre él
—salvo los nombres de lugar y las fechas:
fraudes de la palabra—
pero con temerosa piedad he rescatado su último día,
no el que los otros vieron, el suyo,
y quiero distraerme de mi destino para escribirlo.

Adicto al diálogo ladino del truco,
alsinista y nacido del buen lado del Arroyo del Medio.
comisario de frutos del país en el mercado antiguo del Once,
comisario de la tercera,
se batió cuando Buenos Aires lo quiso
en Cepeda, en Pavón y en la playa de los Corrales.

Pero mi voz no debe asumir sus batallas,
porque él se las llevó en un sueño final.
Porque lo mismo que otros hombres escriben versos,
hizo mi abuelo un sueño.

Cuando una congestión pulmonar lo estaba arrasando
y la inventiva fiebre le falseó la cara del día,
congregó los archivos de su memoria
para fraguar su sueño.
Esto aconteció en una casa de la calle Serrano,
en el verano ardido del novecientos cinco.

Soñó con dos ejércitos
que entraban en la sombra de una batalla;
enumeró los comandos, las banderas, las unidades.
«Ahora están parlamentando los jefes», dijo en voz que le
oyeron
y quiso incorporarse para verlos.

Hizo leva de pampa:
vio terreno quebrado para que pudiera aferrarse la infantería
y llanura resuelta para que el tirón de la caballería fuera
invencible.

Hizo una leva última,
congregó los miles de rostros que el hombre sabe, sin saber,
después de los años:
caras de barba que se estarán desvaneciendo en daguerrotipos,
caras que vivieron junto a la suya en el Puente Alsina y
Cepeda.

Entró a saco en sus días
para esa visionaria patriada que necesitaba su fe, o que una
flaqueza le impuso;

juntó un ejército de sombras ecuestres
para que lo mataran.

Así, en el dormitorio que miraba al jardín,
murió en un sueño por la patria.

En metáfora de viaje me dijeron su muerte; no la creí.
Yo era chico, yo no sabía entonces de muerte, yo era inmortal;
yo lo busqué por muchos días por los cuartos sin luz.

La noche que en el Sur lo velaron

A Letizia Álvarez de Toledo

Por el deceso de alguien
—misterio cuyo vacante nombre poseo y cuya realidad no
abarcamos—
hay hasta el alba una casa abierta en el Sur,
una ignorada casa que no estoy destinado a rever,
pero que me espera esta noche
con desvelada luz en las altas horas del sueño,
demacrada de malas noches, distinta,
minuciosa de realidad.

A su vigilia gravitada en muerte camino
por las calles elementales como recuerdos,
por el tiempo abundante de la noche,
sin más oíble vida
que los vagos hombres de barrio junto al apagado almacén
y algún silbido solo en el mundo.

Lento el andar, en la posesión de la espera,
llego a la cuadra y a la casa y a la sincera puerta que busco
y me reciben hombres obligados a gravedad
que participaron de los años de mis mayores,
y nivelamos destinos en una pieza habilitada que mira al patio
—patio que está bajo el poder y en la integridad de la noche—
y decimos, porque la realidad es mayor, cosas indiferentes
y somos desganados y argentinos en el espejo
y el mate compartido mide horas vanas.

Me conmueven las menudas sabidurías
que en todo fallecimiento se pierden
—hábito de unos libros, de una llave, de un cuerpo entre los
otros—.
Yo sé que todo privilegio, aunque oscuro, es de linaje de
milagro
y mucho lo es el de participar en esta vigilia,
reunida alrededor de lo que no se sabe: del muerto,
reunida para acompañar y guardar su primera noche en la
muerte.

(El velorio gasta las caras;
los ojos se nos están muriendo en lo alto como Jesús.)

¿Y el muerto, el increíble?
Su realidad está bajo las flores diferentes de él
y su mortal hospitalidad nos dará
un recuerdo más para el tiempo

y sentenciosas calles del Sur para merecerlas despacio
y brisa oscura sobre la frente que vuelve
y la noche que de la mayor congoja nos libra:
la prolijidad de lo real.

Muertes de Buenos Aires

I
La Chacarita

Porque la entraña del cementerio del Sur
fue saciada por la fiebre amarilla hasta decir basta;
porque los conventillos hondos del Sur
mandaron muerte sobre la cara de Buenos Aires
y porque Buenos Aires no pudo mirar esa muerte,
a paladas te abrieron
en la punta perdida del Oeste,
detrás de las tormentas de tierra
y del barrial pesado y primitivo que hizo a los cuarteadores.
Allí no había más que el mundo
y las costumbres de las estrellas sobre unas chacras,
y el tren salía de un galpón en Bermejo
con los olvidos de la muerte:
muertos de barba derrumbada y ojos en vela,
muertas de carne desalmada y sin magia.

Trapacerías de la muerte —sucia como el nacimiento del
hombre—
siguen multiplicando tu subsuelo y así reclutas
tu conventillo de ánimas, tu montonera clandestina de huesos
que caen al fondo de tu noche enterrada
lo mismo que a la hondura de un mar,
hacia una muerte sin inmortalidad y sin honra.

Una dura vegetación de sobras en pena
hace fuerza contra tus paredones interminables
cuyo sentido es perdición,
y convencidas de mortalidad las orillas
apuran su caliente vida a tus pies
en calles traspasadas por una llamarada baja de barro
o se aturden con desgano de bandoneones
o con balidos de cornetas sonsas en carnaval.
(El fallo de destino más para siempre,
que dura en mí lo escuché esa noche en tu noche
cuando la guitarra bajo la mano del orillero
dijo lo mismo que las palabras, y ellas decían:

La muerte es vida vivida,
la vida es muerte que viene;
la vida no es otra cosa
que muerte que anda
luciendo.)

Mono del cementerio, la Quema
gesticula advenediza muerte a tus pies.
Gastamos y enfermamos la realidad: 210 carros
infaman las mañanas, llevando
a esa necrópolis de humo
las cotidianas cosas que hemos contagiado de muerte.

Cúpulas estrafalarias de madera y cruces en alto
se mueven —piezas negras de un ajedrez final— por tus calles
y su achacosa majestad va encubriendo
las vergüenzas de nuestras muertes.

En tu disciplinado recinto
la muerte es incolora, hueca, numérica;
se disminuye a fechas y a nombres,
muertes de la palabra.

Chacarita:
desaguadero de esta patria de Buenos Aires, cuesta final,
barrio que sobrevives a los otros, que sobremueres,
lazareto que estás en esta muerte no en la otra vida,
he oído tu palabra de caducidad y no creo en ella,
porque tu misma convicción de angustia es acto de vida
y porque la plenitud de una sola rosa es más que tus
mármoles.

II
La Recoleta

Aquí es pundonorosa la muerte,
aquí es la recatada muerte porteña,
la consanguínea de la duradera luz venturosa
del atrio del Socorro
y de la ceniza minuciosa de los braseros
y del fino dulce de leche de los cumpleaños
y de las hondas dinastías de patios.
Se acuerdan bien con ella
esas viejas dulzuras y también los viejos rigores.

Tu frente es el pórtico valeroso
y la generosidad de ciego del árbol
y la dicción de pájaros que aluden, sin saberla, a la muerte
y el redoble, endiosador de pechos, de los tambores
en los entierros militares;
tu espalda, los tácitos conventillos del Norte
y el paredón de las ejecuciones de Rosas.

Crece en disolución bajo los sufragios de mármol
la nación irrepresentable de muertos
que se deshumanizaron en tu tiniebla
desde que María de los Dolores Maciel,
niña del Uruguay
—simiente de tu jardín para el cielo—
se durmió, tan poca cosa, en tu descampado.

Pero yo quiero demorarme en el pensamiento
de las livianas flores que son tu comentario piadoso
—suelo amarillo bajo las acacias de tu costado
flores izadas a conmemoración en tus mausoleos—
y en el porqué de su vivir gracioso y dormido
junto a las atroces reliquias de los que amamos.

Dije el enigma y diré también su palabra:
siempre las flores vigilaron la muerte,
porque siempre los hombres incomprensiblemente supimos
que su existir dormido y gracioso
es el que mejor puede acompañar a los que murieron
sin ofenderlos con soberbia de vida,
sin ser más vida que ellos.

A Francisco López Merino

Si te cubriste, por deliberada mano, de muerte,
si tu voluntad fue rehusar todas las mañanas del mundo,
es inútil que palabras rechazadas te soliciten,
predestinadas a imposibilidad y a derrota.

Sólo nos queda entonces
decir el deshonor de las rosas que no supieron demorarte,
el oprobio del día que te permitió el balazo y el fin.

¿Qué sabrá oponer nuestra voz
a lo confirmado por la disolución, la lágrima, el mármol?
Pero hay ternuras que por ninguna muerte son menos:
las íntimas, indescifrables noticias que nos cuenta la música,
la patria que condesciende a higuera y aljibe,
la gravitación del amor, que nos justifica.

Pienso en ellas y pienso también, amigo escondido,
que tal vez a imagen de la predilección, obramos la muerte,

que la supiste de campanas, niña y graciosa,
hermana de tu aplicada letra de colegial,
y que hubieras querido distraerte en ella como en un sueño.

Si esto es verdad y si cuando el tiempo nos deja,
nos queda un sedimento de eternidad, un gusto del mundo,
entonces es ligera tu muerte,
como los versos en que siempre estás esperándonos,
entonces no profanarán tu tiniebla
estas amistades que invocan.

Barrio Norte

Esta declaración es la de un secreto
que está vedado por la inutilidad y el descuido,
secreto sin misterio ni juramento
que sólo por la indiferencia lo es:
hábitos de hombres y de anocheceres lo tienen,
lo preserva el olvido, que es el modo más pobre del misterio.

Alguna vez era una amistad este barrio,
un argumento de aversiones y afectos, como las otras cosas de
amor;
apenas si persiste esa fe
en unos hechos distanciados que morirán:
en la milonga que de las Cinco Esquinas se acuerda,
en el patio como una firme rosa bajo las paredes crecientes,
en el despintado letrero que dice todavía *La Flor del Norte,*
en los muchachos de guitarra y baraja del almacén,
en la memoria detenida del ciego.

Ese disperso amor es nuestro desanimado secreto.
Una cosa invisible está pereciendo del mundo,
un amor no más ancho que una música.

Se nos aparta el barrio,
los balconcitos retacones de mármol no nos enfrentan cielo.
Nuestro cariño se acobarda en desganos,
la estrella de aire de las Cinco Esquinas es otra.

Pero sin ruido y siempre,
en cosas incomunicadas, perdidas, como lo están siempre las cosas,
en el gomero con su veteado cielo de sombra,
en la bacía que recoge el primer sol y el último,
perdura ese hecho servicial y amistoso,
esa lealtad oscura que mi palabra está declarando:
el barrio.

El Paseo de Julio

Juro que no por deliberación he vuelto a la calle
de alta recova repetida como un espejo,
de parrillas con la trenza de carne de los Corrales,
de prostitución encubierta por lo más distinto: la música.

Puerto mutilado sin mar, encajonada racha salobre,
resaca que te adheriste a la tierra: Paseo de Julio,
aunque recuerdos míos, antiguos hasta la ternura, te sepan
nunca te sentí patria.

Sólo poseo de ti una deslumbrada ignorancia,
una insegura propiedad como la de los pájaros en el aire.
pero mi verso es de interrogación y de prueba
y para obedecer lo entrevisto.

Barrio con lucidez de pesadilla al pie de los otros,
tus espejos curvos denuncian el lado de fealdad de las caras,
tu noche calentada en lupanares pende de la ciudad.

Eres la perdición fraguándose un mundo
con los reflejos y las deformaciones del nuestro;
sufres de caos, adoleces de irrealidad,
te empeñas en jugar con naipes raspados la vida;
tu alcohol mueve peleas,
tus adivinas interrogan envidiosos libros de magia.

¿Será porque el infierno es vacío
que es espuria tu misma fauna de monstruos
y la sirena prometida por ese cartel es muerta y de cera?

Tienes la inocencia terrible
de la resignación, del amanecer, del conocimiento,
la del espíritu no purificado, borrado
por los días del destino
y que ya blanco de muchas luces, ya nadie,
sólo codicia lo presente, lo actual, como los hombres viejos.

Detrás de los paredones de mi suburbio, los duros carros
rezarán con varas en alto a su imposible dios de hierro y de
polvo,
pero, ¿qué dios, qué ídolo, qué veneración la tuya, Paseo de
Julio?

Tu vida pacta con la muerte;
toda felicidad, con sólo existir, te es adversa.

Índice

Jorge Luis
Borges
El Aleph

BA 0001

Este volumen reúne dieciocho relatos de Jorge Luis Borges, entre ellos quizá los más elogiados y repetidamente citados. Tanto «El inmortal» como «Los teólogos», «Deutsches Requiem» y «La espera» muestran las posibilidades expresivas de la «estética de la inteligencia» borgiana, inimitable fusión de mentalidad matemática, profundidad metafísica y captación poética del mundo.

Jorge Luis
Borges
Ficciones

BA 0002

Se reúnen en FICCIONES dos libros de Jorge Luis Borges fechados en 1941 y 1944. «El jardín de senderos que se bifurcan» incluye ocho relatos, entre los que cabe destacar dos breves narraciones de excepcional calidad: «Pierre Menard, autor del Quijote» y «La Biblioteca de Babel». «Artificios» lo forman nueve cuentos, entre ellos «La muerte y la brújula» (historia de una tortuosa venganza), «Funes el memorioso» (una larga metáfora del insomnio) y «El Sur» («acaso mi mejor cuento», en palabras del autor).

Jorge Luis

Borges

El libro de arena

BA 0003

«He querido ser fiel, en estos ejercicios de ciego –dijo en una ocasión Jorge Luis Borges refiriéndose a los relatos incluidos en EL LIBRO DE ARENA–, al ejemplo de Wells: la conjunción del estilo llano, a veces casi oral, y de un argumento imposible.» El propio autor reconoce la singularidad de uno de estos relatos: «Si de todos mis textos tuviera que rescatar uno solo, rescataría, creo, "El Congreso", que es a la vez el más autobiográfico (el que prodiga más los recuerdos) y el más fantástico».

Jorge Luis

Borges

Historia universal de la infamia

BA 0004

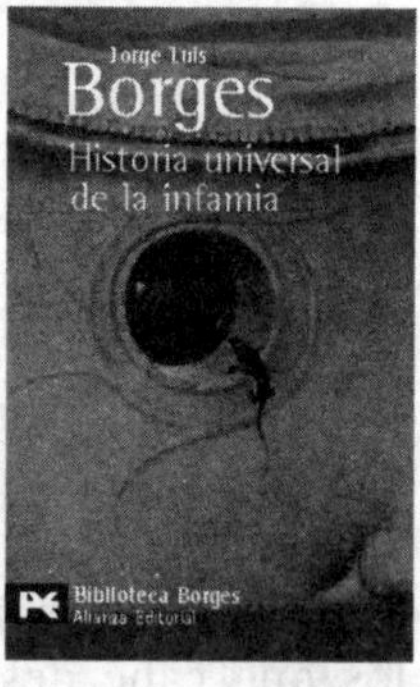

El trabajo que da título a HISTORIA DE LA ETERNIDAD se ocupa del tiempo y de su negación y examina dos concepciones contrapuestas de eternidad: la alejandrina, de raíz platónica, y la cristiana, nacida con la doctrina trinitaria de Ireneo y formalizada por San Agustín. Otras dos penetrantes digresiones estudian la doctrina de Nietzsche sobre el eterno retorno y las concepciones basadas en el carácter recurrente del movimiento histórico. El examen de las versiones clásicas de «Las 1001 noches» ilustra los condicionamientos culturales e históricos de la labor de traducción.

Jorge Luis

Borges

Historia de la eternidad

BA 0005

El trabajo que da título a HISTORIA DE LA ETERNIDAD se ocupa del tiempo y de su negación y examina dos concepciones contrapuestas de eternidad: la alejandrina, de raíz platónica, y la cristiana, nacida con la doctrina trinitaria de Ireneo y formalizada por San Agustín. Otras dos penetrantes digresiones estudian la doctrina de Nietzsche sobre el eterno retorno y las concepciones basadas en el carácter recurrente del movimiento histórico. El examen de las versiones clásicas de «Las 1001 noches» ilustra los condicionamientos culturales e históricos de la labor de traducción.

Jorge Luis

Borges

Otras inquisiciones

BAO 0006

Los textos reunidos en OTRAS INQUISICIONES tocan temas muy queridos de Jorge Luis Borges: las relaciones entre espacio y tiempo, la previsión del futuro, la eternidad, el suicidio y la redención, el infinito, la lectura cabalista de la Escritura, los nombres de Dios, el infierno, el panteísmo, la leyenda de Buda, el sabor de lo heroico, la refutación del tiempo, etc. Completan el volumen ensayos sobre Quevedo, Coleridge, Cervantes, Nathaniel Hawthorne, Paul Valéry, Oscar Wilde, Chesterton, H.G. Wells, Franz Kafka, John Keats, Bernard Shaw y William Beckford.

Jorge Luis

Borges

Biblioteca personal

BA 0007

En el momento de su fallecimiento, Borges había completado los prólogos a los primeros sesenta y cuatro títulos de una selección de cien que habrían de constituir una colección cerrada escogida por él mismo. De estos textos, testimonio de sus preferencias literarias, escribió: «Deseo que esta biblioteca sea tan diversa como la no saciada curiosidad que me ha inducido, y sigue induciéndome, a la exploración de tantos lenguajes y de tantas literaturas».

Jorge Luis

Borges

Antología poética 1923-1977

BA 0008

ANTOLOGÍA POÉTICA 1923-1977 reúne una selección de poemas que, excluyendo cualquier enfoque académico, llevó a cabo el propio Jorge Luis Borges: «Yo desearía que este volumen fuera leído sub quadam specie æternitatis, de un modo hedónico, no en función de teorías, que no profeso, o de mis circunstancias biográficas. Lo he compilado hedónicamente; sólo he recogido lo que me agrada o lo que me agradaba en el instante en que lo elegí.»